Fritz Nuss   Medaillen

Fritz Nuss
18. 12. 1977

Fritz Nuss
Medaillen

mit Texten von Otto Marzinek
und Otto Heuschele

Konrad Theiss Verlag
Stuttgart und Aalen

Adresse des Künstlers: Professor Fritz Nuss, Bildhauer
Auf der Huschenburg 12, 7056 Weinstadt-Strümpfelbach
Telefon (0 71 51) 6 10 15

Gedruckt mit Unterstützung des Kultusministeriums Baden-Württemberg,
der Kreissparkasse Waiblingen, des Rems-Murr-Kreises
und der Deutschen Medaillengesellschaft e. V. Köln

Übersetzer in
Französisch: Dr. Ing. Roger Lauffenburger, Basel
Englisch: David Potter, Köln und Oxford
Italienisch: Pietro Rosconi, Padua

© Konrad Theiss Verlag Stuttgart und Aalen 1977
ISBN 3 8062 0181 1
Alle Rechte vorbehalten
Gesamtherstellung:
Grafische Betriebe Süddeutscher Zeitungsdienst, Aalen
Printed in Germany

Einleitung

Der Bildhauer Fritz Nuss, geboren 1907, wohnhaft im schönen Tal der Rems bei Stuttgart mit seinen großen Weinlagen, hat ein umfangreiches Medaillenwerk aufzuweisen. Wir zeigen hier Medaillen und Plaketten von ihm, die nach 1949 entstanden sind. Die früheren Arbeiten des Künstlers sind bis auf einige Stücke aus der Jugendzeit im Kriege verlorengegangen. Professor Nuss beherrscht den Negativschnitt ebenso wie die vollplastische Arbeit. Das bildhauerische Können, die Beherrschung der Anatomie, die Sicherheit in verschiedenen Stilrichtungen sind gepaart mit reicher Phantasie und Verwurzelung in der abendländischen Kultur. Diese Komponenten haben eine Fülle von Kunstmedaillen und Plaketten entstehen lassen, welche zur Wiederbelebung der Medaillenkunst in Deutschland und zur Geltung der deutschen Medaille in der Welt beigetragen haben. Apollinisches und Dionysisches durchwalten die Arbeiten von Nuss. Unsere Veröffentlichung führt zunächst die flächig gehaltenen Stücke vor, die mit großer Phantastik gestaltet sind. Auf feinnervig gegossener Scheibe enthüllt sich eine erstaunliche Bildersprache, eingeleitet vom Kopf des leierschlagenden Apoll. Danach die bocksgesichtige Medaille. Eine Schar von Fabelwesen schließt sich an, belebt von exzentrischen Formen, Symbolfiguren aus dem Tierreich, verblüffendem Spiel mit den Linien. Meisterlich die Gestaltung von Scheibe und Platte im Zusammenspiel mit dem individuell plastizierten Rand, der ausschwingt und belebt, nichts von der Eintönigkeit und Härte der Ränder, wie sie in der Medaillenkunst vielfach noch nicht überwunden sind. Reizvoll bei manchen Medaillen dieses Künstlers das Vorspiel mit einem flächigen eigenwilligen Vorrand zur Überleitung auf den ausschwingenden Rand der Medaillenscheibe. Die Linienspulen wie bei der »Sphinx« und auf Tanzmedaillen bringen ein Moment wellenmäßiger Übertragung. Eine Serie von Arbeiten wirkt wie aufgerollte Siegel aus Sumer, Assur, Babylon. Die Reihe der musikalischen Motive wird eingeleitet von der großen Medaille »Symphonie«, auf der Ton und Gesang zu bildnerischer Wirkung gebracht sind. Der Tanz als Lebensfreude ist ein Lieblingsmotiv des Künstlers, das er immer wieder umkreist, seine Tanzmedaillen sind vom Sammler als köstlicher Besitz besonders begehrt. Sodann die großen Kulturmedaillen, welche Fritz Nuss für die Deutsche Medaillengesellschaft geschaffen hat, deren Bezeichnung von Frau Dr. Velia Johnson-Steiner, Mailand, stammt. Auf Benvenuto Cellini, auf der Rückseite Perseus mit dem Sichelschwert und dem abgeschlagenen Haupt der Meduse, aus dem sich mit dem Blut Schlangen kringeln. Keine Wiedergabe des Kunstwerks des Dargestellten, sondern nur Anklang daran und eigenständiges Kunstwerk, diese Seite der Medaille beherrscht nicht nur vom Körper des Perseus, sondern nicht weniger von dem nach links gerichteten mächtigen, nochmals dargestellten Haupt der Gorgone nach dem Todesstreich mit erstaunt aufgerissenem Munde, hervorgetretenem Auge. Die Medaille auf Caspar David Friedrich, auf der Vorderseite der Landschaftsmaler vor der Staffelei mit dem kompositorisch verwandten Gestänge von Staffelei und Tisch, auf der Rückseite gleichsam in Quintessenz Anspielung auf Werk und Lebenslandschaft von C. D. Friedrich. Die idealische Medaille auf den Wiederentdecker der antiken Kunst Johann Joachim Winckelmann mit der Gruppe aus dem Zug bei den großen Panathenäen auf der Rückseite. Die ergreifende Medaille auf Paula Modersohn-Becker mit dem entschwebenden Akt der allzu früh verstorbenen Malerin. Diese Medaillen hochplastisch gehalten, eine Variante zu Benvenuto Cellini auch mehr graphisch. Die beiden Versionen der »Leda mit dem Schwan«, die Szene in den Kopf des Zeus gesetzt. Aus letzter Zeit die plastischen Kunstwerke in Gestalt von Plaketten auf den Liebesakt. Die Adler-Medaille von Nuss zeigt, wie die auf den Münzen der Bundesrepublik Deutschland viel mißhandelte heraldische Figur des Adlers kunstreich, würdig, hoheitsvoll gestaltet werden kann. Ein besonderes Anliegen von Professor Nuss ist die künstlerische Gestaltung von Sportmedaillen, womit er den Intentionen der Deutschen Medaillengesellschaft entgegenkommt. Wie meistert er die schwierige Anatomie der Leiber im Ringkampf! Wie überzeugend auch münzförmige Sportmedaillen sein können, zeigen seine beiden Medaillen 1975 und 1976 auf den Aral-Pokal. Als letzte führen wir Medaillen vor, die Nuss während der Arbeit an seinen Entwürfen für eine Goldmedaille der BRD und der Deutschen Bundesbank geschaffen hat, das Motiv der Familie als der Zelle des Staates. Sehr reizvoll das Signum, das Fritz Nuss für sich entwickelt hat, das flötenspielende Bocks-Teufelchen, hockend, wobei seine Beine mit dem Körper die Form des Buchstabens »N« bilden. Mit dieser Publikation hofft die Deutsche Medaillengesellschaft, das Medaillenwerk von Fritz Nuss vielen Kunstfreunden und Kennern zugänglich zu machen und gleichzeitig die Medaillenliteratur zu bereichern.

Dr. Otto Marzinek

Introduction

Le Professeur Fritz Nuss, sculpteur, né en 1907, qui habite près de Stuttgart la belle vallée de la Rems avec ses grands vignobles, a à son actif une importante réalisation de médailles.

Nous les présentons ici ainsi que les plaquettes créées après 1949. Les productions antérieurs de l'artiste ont été perdues pendant la guerre, à l'exception de quelques plaquettes datant de sa jeunesse.

Le Professeur Nuss est passé maître aussi bien dans la taille directe en négatif, que dans l'art de modeler. Une profonde connaissance de la sculpture et de l'anatomie et une sûreté dans différentes directions stylistiques, vont de pair avec une riche fantaisie, qui a ses racines dans la culture occidentale.

Ces conditions réunies ont fait naître un grand nombre de médailles et de plaquettes qui ont contribué au renouveau de la médaille en Allemagne et à la renommée de la médaille allemande das le monde entier.

Les thèmes tirés de l'histoire d'Apollon et de Dionysos marquent l'oeuvre de Nuss. Notre publication présente d'abord les pièces réalisées en plan avec une grande fantaisie. Sur une pièce coulée plate avec de fines nervures, nous est révélé un étonnant langage imagé, débutant par la tête d'Apollon jouant de la lyre. Puis vient la médaille à la figure de bouc, suit une bande d'êtres fabuleux animés par des formes excentriques, symboliques du monde des animaux: jeu étonnant de lignes.

La réalisation du disque et de toute la partie plate est interprêtée de main de maître, en harmonie avec le bord modelé d'une manière personnelle, bord qui anime, tout en terminant la médaille en douceur. Cela n'a plus rien de commun avec l'uniformité et la dureté des bords, dont l'art de la médaille n'a pas encore réussi dans bien des cas à se débarasser. Dans le cas de certaines médailles de cet artiste, il est particulièrement attrayant de voir, comment est réalisé à titre de transition vers le bord final une éspèce de prélude sous la forme d'un avant-bord large et volontaire. Des ensembles circulaires de lignes, comme dans le cas du »Sphinx« et celui des médailles sur la danse, réalisent un effet de transmission par ondes. Tout une série d'oeuvres font penser à des sceaux déroulés, de Sumer, de Babylone ou d'Assur. La série des motifs musicaux débute par la grande médaille »Symphonie« ou la musique et la voix vibrent d'une façon imagée. La danse comme expression de la joie de vivre est un des motifs préféré de l'artiste, qu'il développe à maintes reprises; ses médailles sur la danse sont particulièrement convoitées par les collectionneurs d'objects précieux. Viennent ensuite les grands »médaillons culturels« que Nuss a réalisé pour la Deutsche Medaillengesellschaft et qui ont été ainsi nommés par Madame Velia Johnson-Steiner. Examinons maintenant successivement:

a) La médaille relative à Benvenuto Cellini: Au revers Perséé avec son épée en forme de faucille et la tête tranchée de la Méduse, de laquelle coule le sang sous forme de serpents enroulés. Aucune description de l'oeuvre de la personne représentée une simple allusion et, création vraimant artistique et toute volontaire, ce côté n'est pas seulement dominé par le corps de Perséé, mais autant par la tête puissante regardant à gauche de la Gorgone présentée encore une fois après le coup mortel, la bouche bée étonnée et l'oeil proéminant.

b) La médaille sur Caspar David Friedrich: A l'avers le peintre paysagiste devant son chevalet, les pieds du chevalet et de la table imbriqués; le revers fait pour l'essentiel allusion, aussi bien à l'oeuvre de C. D. Friedrich, qu'au paysage danslequel il vécut.

c) La médaille idéalisée sur Johann Joachim Winckelmann: C'est lui qui découvrit à nouveau l'art antique. La médaille présente au revers un groupe du défilé lors des grandes Panathénées.

d) L'aspect saisissant de la médaille sur Paula Modersohn-Becker, avec le corps nu de la femme-peintre, morte trop jeune, en planante ascension.

Ces médailles sont réalisées avec beaucoup de relief, au contraire d'une variante sur Benvenuto Cellini, plutôt graphique.

e) Dans les deux versions de »Leda avec le cygne«, la scéne transposée dans la tête de Zeus.

f) Les plaquettes sur l'Acte d'Amour, oeuvres plastiques de ces derniers temps.

g) La médaille à l'Aigle de Nuss, qui montre comment il est possible de représenter d'une façon beaucoup plus artistique, majestueuse et noble le motif héraldique de l'aigle; si maltraité sur les monnaies de la République Fédérale d'Allemagne.

h) Les médailles de sport de caractère artistique, dont la création tient particulièrement à coeur au Prof. Nuss, ceci en conformité avec les désirs de la Deutsche Medaillengesellschaft. Voyez comment il maîtrise la représentation difficile de l'anatomie du corps durant la lutte. Ses deux médailles 1975 et 1976 pour la Coupe Aral, montrent de quelle façon expressive on peut réaliser des médailles de sport.

i) Pour terminer, les médailles que Nuss a créées lorsqu'il a travaillé aux ébauches pour une médaille en or de la RFA et de la Bundesbank, avec comme motif »La famille, cellule de l'état«.

Le signet que Nuss a développé pour lui-même est raffiné et ironique un petit diable à pieds de bouc jouant de la flûte, ses jambes formant avec le corps la lettre »N«.

La Deutsche Medaillengesellschaft éspère avoir ainsi apporté une contribution culturelle à l'oeuvre de Fritz Nuss qui touchera les amateurs d'art et les connaisseurs et enrichira, en même temps la littérature sur les médailles.

Dr. Otto Marzinek

Introduction

The sculptor Fritz Nuss, who was born in 1907 and lives amid the rolling vineyards of the lovely valley of the Rems, to the east of Stuttgart, has created an extensive corpus of medals. This volume presents medals and plaquettes he has made since 1949. Apart from a few pieces from his youth, his earlier ones perished in the war.

Professor Nuss's work in this field ranges from medals carved in the intaglio technique to those modeled in high relief. His plastic skill, his command of anatomy and his assurance in various styles are combined with a fertile imagination and a spirit deeply rooted in western culture. These factors have given birth to a wealth of art medals and plaquettes which have contributed to the revival of medalic art in Germany and to the high reputation of the German medal throughout the world.

The Apollonian and the Dionysian: these two poles run through the work of Fritz Nuss. This volume presents first of all the more flat-surfaced pieces, which are marked by a luxuriating fantasy. On the finely-cast disks there is revealed an astonishing profusion of imagery, launched by the head of the lyre-playing Apollo. Then the goat-faced medal, followed by a host of mythical beings, a tumult of eccentric forms, symbolic figures from the animal kingdom, an amazing play of lines. We admire Nuss's masterly handling of disk and plate and the interplay with the individually molded edge which adds rhythm and life to them and has none of that monotony and hardness of edge which still haunt medalic art. A number of these medals are given additional charm by the odd, flat, preliminary rim which acts as a prelude leading up to the swinging edge of the actual disk of the medal. The linear spirals which appear on the »Sphinx« and on certain dance medals introduce a suggestion of the transmission of light and sound by waves. A series of works reminds one of impressions of ancient seals from Sumeria, Assyria, Babylon.

The series of musical themes is introduced by the large medal called »Symphony«, in which music and song are translated into sculpture. The dance as an expression of joie de vivre is a favorite theme of this artist which he keeps coming back to, and his dance medals are keenly sought and treasured by collectors.

Then we have the splendid »cultural medals« (as Dr. Velia Johnson-Steiner, Milan, has dubbed them) which Fritz Nuss made for the German Medalic Art Society. The medal of Benvenuto Cellini, with Perseus on the reverse, holding his sickle-ended sword and the severed head of Medusa with snakes writhing out of it amid the blood. Not a mere copy of Cellini's original, but a reminiscence of it, a work of art in its own right. This side of the medal is dominated not only by the figure of Perseus but no less by the head of the Gorgon, depicted again, vast in size, in left profile, the mouth agape in astonishment, the eye bulging, after the beheading. The medal of Caspar David Friedrich, with the great landscape-painter at his easel on the observe, the legs of easel and table related in composition; and on the reverse, as it were in essence, an allusion to the work of Caspar David Friedrich and the landscape of his life. The noble medal of Johann Joachim Winckelmann, the rediscoverer of the art of classical antiquity, with a group from the procession at the great Panathenaeum on the reverse. The moving medal of Paula Modersohn-Becker, with the nude body of the painter, too soon deceased, fading away. These medals are in high relief, though there is a variant of Benvenuto Cellini which is given more graphical treatment.

Then there are the two versions of »Leda and the Swan«, the scene set within the head of Zeus. And among Nuss's most recent works are his plaquettes in praise of making love.

Nuss's eagle medal shows how the heraldic figure so often maltreated on the coins of West Germany can be given imaginative, worthy and dignified handling. A particular concern of Professor Nuss is the artistic treatment of sports medals, as it is also of the German Medalic Art Society; his command of the tricky anatomy of wrestling figures is especially impressive. And his two medals for the Aral Cup of 1975 and 1976 show how convincing even coin-like sports medals can be.

Finally we present the medals which Nuss produced during his work on designs for a gold medal commissioned by the West German Central Bank on the theme of the Family as the nucleus of the state.

Of great charm is the mark Fritz Nuss has developed for himself: the little pipe-playing Pan, squatting so that his legs and Body form the letter »N«.

With this publication the German Medalic Art Society hopes to familiarise many art-lovers and connoisseurs with the corpus of medals produced by Fritz Nuss and at the same time to make a worthy contribution to medalic literature.

Dr. Otto Marzinek

Introductione

Lo scultore Fritz Nuss, nato nel 1907 vive nella valle della Rems, che con i suoi suggestivi vitigni costituisce una bellissima zona nei dintorni di Stoccarda, vanta una vasta produzione di medaglie. Noi quì presentiamo le medaglie e le plachette create dopo il 1949.

Purtroppo l'opera giovanile dell'artista è andata tutta perduta durante la guerra. Il Prof. Nuss è padrone sia dell'arte dell'incisione negativa che dell'arte plastica. Il suo valore di scultore, la sua padronanza dell'anatomia, la sicurezza negli orientamenti stilistici, sono accompagnati da una ricca fantasia e da una solida cultura di radici occidentali. Tutti queste componenti hanno reso possibile la creazione di numerose medaglie e plachette di estremo valore, sia per la nazione che per la medaglistica tedesca nel mondo. L'opera di Nuss è contemporaneamente attraversata da elementi apollonici e dionisici. La nostra pubblicazione consta, all'inizio, di opere sottili create con tanta fantasticheria. Dalle figure rappresentate scaturisce una formidabile espressività figurativa, introdotta dalla testa di Apollo intento a suonare la lira. In un secondo momento trattiamo la medaglia ad alto rilievo. Una moltitudine di figure fiabesche, ruota animata da forme eccentriche, simboli dal regno animale, in un armonioso gioco di linee.

Magistrale la modellazione della medaglia in armonia con il bordo che spazia l'opera, mentre i bordi duri e morti non ancora superati da molti medaglisti circoscrivono limitando il contenuto dell'opera. Il bordo delle medaglie di Nuss è degno di citazione per la sua originalità, e per questo suo potere di spaziare il piano a disposizione. Le spirali di linee simili a quelle della »sfinge« sulle medaglie da ballo creano un movimento ritmico di onde. Una serie di lavori ha lo stesso effetto di sigilli arrotolati dell'Assiria o della Babilonia. La serie dei motivi musicali viene introdotta dalla grande medaglia »Sinfonia«, sulla quale il suono ed il canto sono portati in un contesto plastico di grande effetto. Il ballo come piacere della vita è uno dei motivi preferiti dall'artista; infatti questo motivo lo si ritrova spesso nelle sue opere, e le sue medaglie da ballo sono molto apprezzate dai collezionisti. Eccoci alle medaglie culturalmente impegnate, create da Nuss su commissione della società tedesca dei medagli-sti, descritte da Frau Dr. Velia Johnson-Steiner. Su Benvenuto Cellini, su Perseo con la scimitarra ed il capo mozzato della Medusa dal quale scaturiscono dei serpenti. Non si tratta della riproduzione di un capolavoro, questa facciata della medaglia non è solo dominata dal corpo del Perseo, ma anche dall'occhio di Gorgone che viene quì rappresentato con una bocca straziata. La medaglia su Caspar David Friedrich, sul diritto il celebre artista davanti al proprio cavaletto, sul retro un raffinato gioco di paesaggio e opera. La medaglia ideale dedicata al riscopritore dell'arte degli antichi Johann Joachim Winckelmann. La medaglia dedicata a Paola Modersohn-Becker, con un nudo sfuggente della pittrice scomparsa prematuramente. Queste ultime medaglie ad alto rilievo, una variante a Benvenuto Cellini, sono anche più grafiche. Le due versioni di »Leda con il cigno«, una scena trasposta nella testa di Giove. Come opere recenti è doveroso segnalare le plachette dedicate all'atto amoroso. La medaglia »Aquila« di Nuss mostra come questa figura araldica, già troppo maltrat-tata sulle monete a corso legale della Repubblica Fed. Tedesca, possa venir rappre-sentata grandiosa e imponente.

Sempre degne di citazione le medaglie sullo sport, con le quali l'artista è venuto in-contro ai desideri della Associazione Medaglistica Tedesca. Come riesce a plasmare la difficoltosissima anatomia dei lottatori! Come possano essere belle le medaglie in formato moneta, lo dimostrano le due medaglie a carattere sportivo del 1975 e 1976 sulla »coppa Aral«. Come ultime presentiamo le medaglie create da Nuss durante lo studio per una medaglia d'oro richiestagli dalla banca federale, sulla famiglia come embrione e cellula fondamentale dello stato. Veramente eccellente è lo studio fatto dall'artista per se stesso, di un folletto, le gambe del quale con il corpo formano la let-tera »N«, iniziale del suo cognome. Con questa pubblicazione la Società Medagli-stica Tedesca spera di soddisfare il collezionismo della medaglia d'arte e di arricchire la letteratura medaglistica.

Dr. Otto Marzinek

Die Medaillen im Gesamtwerk von Fritz Nuss

von Professor Otto Heuschele

> *Der Kopf faßt kein Kunstprodukt,*
> *als nur in Gesellschaft mit dem Herzen.*
> *(Goethe)*

Der Schwabe Professor Fritz Nuss, der 1907 in Göppingen geboren wurde, wuchs im Vorland der Schwäbischen Alb auf, einer Landschaft, die zu den schönsten Süddeutschlands zählt und durch die drei Kaiserberge Hohenstaufen, Hohenrechberg und Stuifen charakterisiert wird. Große Natur und große Geschichte berühren sich hier. Als ich jüngst das Glück hatte, mit dem Künstler durch dieses Gebiet zu fahren, bekannte er, er kenne seit seiner Kindheit jeden Weg und jeden Steg, diese Landschaft offenbare ihm aber noch jeden Tag neue Geheimnisse, so daß er immer wieder von ihr lerne. Als er in diesem Zusammenhang erzählte, daß er schon als Knabe zu modellieren begonnen habe, wurde mir deutlich, wie das gestaltende Element seinem innersten Wesen gemäß und auch mit seiner Herkunft aus diesem Land in Zusammenhang zu bringen ist. Hier soll nicht der Lebensweg des Bildhauers Fritz Nuss nachgezeichnet werden, es wird vielmehr der Versuch unternommen, sein Werk, wie es heute überschaubar ist, zu würdigen. Das Lebenswerk jedes echten Künstlers birgt Geheimnisse in sich, die mit Worten kaum zu enthüllen sind, die auch nicht enthüllt werden sollen, es geht ein Zauber von ihm aus, der erlebt und erfahren sein will. Die Form ist es, die die Arbeit eines Künstlers zu seinem Werk macht. Sie ist in jedem Fall Ausdruck seines innersten Wesens, so wie die Formen der Natur Ausdruck der geheimen in ihr waltenden schöpferischen Kräfte sind.

Fritz Nuss nennt gern die Natur seine eigentliche Lehrmeisterin, damit übersieht er nicht, was er den Lehrern, bei denen er lernen durfte, zu danken hat, im Gegenteil, er möchte damit ausdrücken, daß er täglich an den Formen der Natur lerne.

Für den Bildhauer ist es naturgemäß in erster Linie der Mensch, dieses geheimnisvollste Wesen der Schöpfung, dem er seine Aufmerksamkeit schenkt. So steht auch in dem Schaffen dieses Künstlers der Mensch im Mittelpunkt, der Mensch, der arbeitet und von der Arbeit ruht, der Mensch, der heiter ist oder trauert, der musiziert oder tanzt, auch der Mensch, der nachdenkt, der seine Seele über die Wirklichkeit hinaus in die Welt der Ideen und der Träume schweben läßt. Neben der Einzelgestalt finden sich Menschen in der Gruppe. Der Künstler Nuss kennt den Menschen, er hat seinen Körper in allen Lebenslagen und seelischen Situationen studiert, mehr, er hat ihn in sich aufgenommen, um ihn, gespeist von den Kräften seiner schöpferischen Phantasie, in seinen Gestalten neu zu schaffen. Es sind Gestalten, die fest auf der Erde stehen, kraftvolle Gestalten oft, es sind die anderen, die schmalen, zarten, schwebenden. Nuss denkt viel über das Wesen der Form nach, er wird nicht müde, das Innere der Menschen, ihre seelischen Regungen, ihre Heimsuchungen und ihre Beglückungen, ihre Gedanken auch und ihr spielerisches Sosein in sichtbare Gestalt zu verwandeln. Er ist auch ein schwäbischer Grübler und Sinnierer, der die Rätselhaftigkeit des Daseins in surrealen Formen wiedergibt.

Den von ihm geschaffenen Gestalten begegnen wir in vielen Städten auf öffentlichen Plätzen und in geschlossenen Räumen als rundplastische Figuren wie auch als Reliefgestaltungen. Auch Tiere hat Nuss nicht aus seinem Arbeits- und Gestaltungsbereich ausgeschlossen. Es gibt Werke, die vom Sein wie auch von den Verhaltensweisen der Tiere sprechen, seien es nun Vögel im Flug oder ruhende Flamingos, flink hinhuschende Fische oder züngelnde Schlangen, seien es Tiergestalten wie sie uns in Mythen und Märchen begegnen.

Damit rühre ich an eine Sphäre, in der sich Fritz Nuss immer wieder als schöpferischer Künstler bewährt hat: die Welt der Mythen, Märchen, Sagen, Legenden und der Geschichte. Das ist im Grunde nicht verwunderlich. Wie wir andeuteten, wuchs Nuss nicht nur in einer anmutig-schönen Landschaft, sondern auch in einer Landschaft mit geschichtlicher Vergangenheit auf, die bis in die römische Zeit zurückreicht. Es ist Land am Limes, in dem wir uns befinden, wenn wir in Fritz Nuss' Werkstatt in Strümpfelbach treten. Ich spreche hier nicht von unmittelbarem Einfluß der Antike auf sein formales Gestalten, noch weniger von einer Nachahmung antiker Formen. Nuss kennt unsere Zeit mit all ihren Möglichkeiten im heilvollen wie im bedrohlichen Sinne. Er hat sich in seinem Schaffen mit dieser Gegenwart auseinandergesetzt. Dies geschah nicht in einer unmittelbaren Weise, denn Nuss ist kein politischer Künstler. Seine Begegnung mit der Zeit und dem Zeitlosen vollzieht sich in den Bereichen des Gesamtmenschlichen. Eine besondere Möglichkeit, dem Menschenwesen im bildnerischen Werke nahe zu kommen, hat sich Nuss im Bereiche seiner Medaillen und Plaketten geschaffen. Die Medaille stellt eine Kunstform dar, die uns in den künstlerischen Äußerungen aller Völker begegnet, die bereits in der Antike bei Griechen und Römern eine hohe Vollendung erlebte.

Mit diesen Medaillen-Schöpfungen hat sich Fritz Nuss in den letzten Jahren weit über Deutschland hinaus hohen Rang und verdiente Achtung erworben. Das ist für den nicht verwunderlich, der die Medaillen-Schöpfungen der Gegenwart überblickt. Er wird rasch entdecken, daß die Medaillen und Plaketten aus der Strümpfelbacher Werkstatt einen eigenen persönlichen Stil besitzen. Unschwer läßt sich die Verwandtschaft mit den Rundplastiken und Reliefgestaltungen erkennen. Ein Überblick über die reiche Produktion zeigt auch die wechselnden Ausdrucksformen, die naturgemäß vom Motiv wie von der Aufgabenstellung bestimmt werden.

Es bleibt zu bedauern, daß die Medaillen aus der Zeit vor dem Zweiten Weltkrieg verloren gegangen sind, die Plaketten aus den Jahren 1927 und 1928 zeigen indessen, welch eine Entwicklung der Bildhauer inzwischen durchlaufen hat. Wer die in dem vorliegenden Band wiedergegebenen Medaillen überblickt, vermag die Entwicklung zu einer persönlichen Form ebenso zu verfolgen wie die Vielfalt der Motive und ihre Konzentration um gewisse Grundformen. Nicht selten wurden die Medaillen in Zusammenhang gebracht mit Medaillen und Münzen der Antike. Dies aber ist nach unserer Auffassung zu einfach gesehen. Ohne Zweifel greift Nuss auch antike Motive auf, doch ihre Ausgestaltung hat kaum etwas mit den antiken Münzen zu tun. Der klassischen Gestaltung griechischer und römischer Medaillen und Plaketten steht bei Nuss einerseits die barocke Bewegtheit gegenüber, andererseits aber vor allem die surrealistische Ausweitung der Motive besonders in den vielfältigen Symbolen, die vielen seiner Darstellungen eigen sind. Diese Symbole verleihen den Kunstwerken ihren Zauber, dessen Kraft wir verspüren, wenn wir uns, was selbstverständliche Voraussetzung ist, in diese Gestaltungen versenken, wenn wir von den Einzelheiten ergriffen werden. Es darf in diesem Zusammenhang daran erinnert werden, daß der Umgang mit echter Kunst Versenkung und Zusammenschau fordert, dafür gewährt sie uns innere Sammlung und Besinnung, in den höchsten Augenblicken auch Erhebung in die Sphäre des Transzendenten. Man kann diese Medaillen beschreiben, doch ist damit wenig getan. Man muß mit ihnen Umgang suchen und wird dann die Atmosphäre erleben, die sie ausstrahlen, man wird eintauchen in die persönliche Erlebniswelt des Künstlers, aus der diese Schöpfungen kommen.

Es ließen sich viele Beispiele solcher Symbole benennen, wie wir sie vor allem auf den Medaillen finden, die mythische Motive, aber auch auf anderen, die tänzerische, musikalische und erotische Themen gestalten. Gerade sie geben Nuss die Voraussetzungen für seine schönsten Gestaltungen. Wie vielfältig die menschlichen Körper erscheinen, fällt jedem Betrachter in die Augen. Hier sind es wohl ausgeformte schwere Körper, während auf anderen Medaillen die schmalen und schlanken Körper bis zu Strichen vereinfacht erscheinen. Welche Bedeutung den wechselnden, aber wohl gewählten Rahmen der einzelnen Medaillen zukommt, darf nicht übersehen werden. Aufmerksamkeit verdient natürlich auch die Einbeziehung der Natur in das Geschehen. Wer die Selbständigkeit des Künstlers bei der Gestaltung antiker oder auch christlicher Motive erkennen will, der möge sich in die Medaillen versenken, die Apollo, Pan mit der Flöte, Leda mit dem Schwan, Susanna im Bade, Christophorus oder Evas Erschaffung aus der Rippe Adams darstellen. In ihnen allen ist klar der Stil, das aber heißt das Wesen und die Eigenart von Fritz Nuss zu erkennen. Wenn der Bildhauer sich immer wieder den Mythen, Märchen und Legenden zuwendet, tut er etwas Notwendiges. Wie wir täglich beobachten, verlieren die Menschen unserer Zeit mehr und mehr die Verbindung zu der Welt der Mythen. Sie meinen diese entbehren zu können, wie ihnen andererseits auch die Bereiche des Glaubens fremd werden. Die Geschichte indessen zeigt uns, daß der Mensch gerade dessen bedarf, auf was er leichthin verzichten zu können meint. Der Mythologe Karl Kerényi hat das so ausgedrückt: »Gerade der heutige Mensch braucht etwas, was er zu nichts gebrauchen kann.«

Die Mehrzahl dieser Plaketten und Medaillen verdankt ihre Existenz von außen kommenden Anregungen, seien es nun direkte Aufträge oder Wettbewerbe, bei denen Professor Nuss meist sehr erfolgreich war. Die so entstandenen Arbeiten zeigen, wie der Künstler eine fest umrissene Idee mit den Forderungen unserer Gegenwart zu verbinden vermag, ohne dabei modischen Strömungen zu folgen oder schlechte Kompromisse zu schließen. Ich nenne als Beispiel die Medaillen, in denen das Leben und die Bedeutung der Familie im Staat gestaltet wurde (Auftrag der Deutschen Bundesbank). Hier wird die Vielfalt der Gestalten ebenso sichtbar wie die Bedeutung der Symbole und nicht zuletzt die des Rahmens, der die Gestalten umschließt. Wieder eine andere Lösung einer Aufgabe zeigen die beiden Aral-Medaillen, in denen das Klassische dominiert.

Dafür, wie Nuss die immer wiederkehrende Aufgabe, Gedenkmünzen zu schaffen, löst, sprechen die Medaillen zur Erinnerung an Benvenuto Cellini, Johann Joachim Winckelmann, Caspar David Friedrich und Paula Modersohn-Becker. Nicht nur die Art und Weise, wie auf der Vorderseite die zu ehrenden Persönlichkeiten porträtiert sind, sondern auch die Motive auf der jeweiligen Rückseite lassen den eigenen Stil erkennen. Dabei geht es Nuss darum, die Vorder- und Rückseite zu einer inneren Einheit zu gestalten und gleichzeitig seine Auffassung vom Werk des Dargestellten sichtbar zu machen.

Wir versuchen das Einzelne zum Ganzen zusammenzuschauen, denn die Lebensarbeit eines Künstlers will als ein Ganzes gesehen werden. In ihm gibt es, wie in allem lebendigen Leben, wechselnde Perioden. Hinter dem Werk, das wir zu deuten versuchten, steht ein liebenswerter Mensch, ein nie ermüdender Schauender und Sinnierer, ein arbeitsamer Gestalter, der das Geschaute und Erdachte, die Vision, in seinen Gestalten sichtbar machen muß. In einer zutiefst erschütterten Zeit und Welt, in der auch die Gestalt des Menschen für viele fragwürdig geworden ist, sucht Fritz Nuss diese Gestalt neu zu schaffen. Er tut es seinem inneren Gesetz gemäß auf seine persönliche Weise, er hat sich seinen eigenen unverwechselbaren Stil geschaffen, der sich freilich in vielen Formen offenbart. Er wird nicht aufhören, mit seiner Kunst für den Menschen in der Vielfalt seines Wesens, von hoheitsvollen bis zu schlichten Gestalten, Zeugnis abzulegen. Wer je diesen Künstler bei der Arbeit sah, der durfte erleben, wie unablässig seine Visionen sich in Gestalt verwandeln, wie der Ton mit dem leisen oder harten Druck der leidenschaftlich erfüllten Hand neue Gestalt annimmt, wie kleine Details neue Züge offenbaren. Nuss ist kein Realist und kein Naturalist, er versucht auch nicht durch Abstraktionen Menschliches einseitig zur Erscheinung zu bringen. Er sucht die seinem Wesen gemäßen Formgesetze zu finden und in seinen Gestalten sichtbar zu machen. Er ist mit den Geheimnissen des Lebens vertraut und hat sie in den ihm eigenen surrealen Formen ahnbar gemacht. Wir haben Fritz Nuss für sein Werk zu danken und sollen an seinen Schöpfungen nicht vorübergehen, vermögen sie uns doch den Glauben an den Menschen, aber auch an den ewigen Auftrag des Künstlers zu stärken, von dem Goethe sagt: »Selbst im Augenblick des höchsten Glücks und der höchsten Not bedürfen wir des Künstlers.«

Les médailles dans l'ensemble de l'oeuvre de Fritz Nuss

par Professor Otto Heuschele

Le Professeur Fritz Nuss, né en 1907 à Goeppingen, au pied de la »Schwaebische Alb«, vit près de Stuttgart, dans la vallée de la Rems.

Dans son oeuvre de sculpteur, c'est l'homme qui en constitue le point central, l'homme qui travaille et qui se repose, l'homme qui est gai ou en deuil, qui fait de la musique ou qui danse, mais aussi l'homme qui réfléchit, qui laisse voguer son âme audessus de la réalité dans le monde des idées et des rêves. A côté de l'homme seul on trouve des hommes en groupe. Dans beaucoup de villes, sur des places publiques ou à l'intérieur nous trouvons des figures créées par Fritz Nuss sous forme d'ensembles plastiques ou de reliefs.

Avec ses médailles et ses plaquettes, Fritz Nuss a trouvé une possibilité d'expression plus proche de la nature humaine. C'est avec elles qu'il s'est acquis au cours de ces dernières années en Allemagne et bien au delà, une place de choix et un respect mérité.

Il faut regretter, que les médailles de la période d'avant la 2e. guerre mondiale aient été perdues; les plaquettes des années 1927 et 1928 nous montrent cependant quelle a été l'évolution du sculpteur. Celui qui regarde les médailles reproduites dans le présent volume, est en mesure de suivre l'évolution vers des formes personelles, dans des motifs multiples qui se concentrent autour de certaines formes toujours les mêmes. Parfois l'on a voulu voir une similitude avec des médailles et des monnaies de l'antiquité. Mais ce serait juger les choses d'une façon un peu simpliste. S'il est vrai que Nuss utilise aussi des motifs antiques, leur réalisation est sans rapports avec des monnaies anciennes.

Au lieu d'un travail classique on trouve chez Nuss, d'une part tout le mouvement du style baroque, mais surtout l'extension réaliste des motifs, grâce à des symboles variés, qui sont le propre de nombreuses de ses créations. Ce sont ces symboles qui assurent à ses oeuvres d'art leur charme particulier. Il est très difficile de donner une idée de ses médailles par une simple description. Il faut qu'il se crée un contact avec elles et on ressentira alors l'atmosphère qu'elles rayonnent du monde personnel à l'artiste. C'est ainsi que les meilleurs motifs, pour les plus belles de ses réalisations sont fournis à ce réalisateur par des thèmes mystiques, des thèmes de danse ou des thèmes érotiques. La complexité de l'aspect du corps humain, saute aux yeux de tout observateur. Ici ce sont des corps lourds, bien formés et là, sur d'autres médailles, apparaissent des corps minces et sveltes, ramenés à la simplicité du trait. Il ne faudrait pas ignorer non plus l'importance qui revient au bord choisi spécialement pour chaque médaille. On doit aussi rendre attentif au fait, que la nature est intégrée dans l'événement représenté.

Qui veut reconnaître l'indépendance et l'originalité de l'artiste dans la réalisation des motifs antiques ou chrétiens, n'a qu'à se plonger dans l'étude des médailles représentant Apollon, Pan avec la flûte, Leda avec le cygne, Eve sortie de la côte d'Adam ou Saint Christophe. Dans toutes on reconnaît le style, c'est à dire la nature et la personnalité de Fritz Nuss.

La plus grande partie de ces médailles a vu le jour grâce à des suggestions venues de l'extérieur à l'occasion de commandes ou de concours, où l'artiste obtenait généralement un grand succès. Comme exemples nommons les médailles qui symbolisent la vie et l'importance de la famille (commande de la Deutsche Bundesbank) ou les médailles commémoratives, en souvenir de Benvenuto Cellini, de Johann Joachim Winckelmann, de Caspar David Friedrich, et de Paula Modersohn-Becker. Ce n'est pas seulement la manière suivant laquelle est réalisée sur l'avers le portrait des personnalités à honorer, mais aussi les motifs du revers de la médaille dans lesquels on reconnaît le style propre à Nuss. Son grand soucis est de réaliser entre l'avers et le revers une véritable unité et de rendre visible sa conception sur l'oeuvre de la personnalité représentée.

Nuss n'est ni un réaliste ni un naturaliste; il n'essaye pas davantage à représenter par abstraction, d'une façon unilatérale le côté humain. Il cherche à trouver pour sa forme des lois réflétant sa nature et à les rendre visibles dans ses créations. Il connaît bien les secrets de la vie et a fait qu'on les ressente en se servant des formes surréalistes qui lui sont propres.

The Medals in the Work of Fritz Nuss

by Professor Otto Heuschele

Born in 1907, at Goeppingen on the fringe of the Swabian Hills, Professor Fritz Nuss now lives at Struempfelbach in the valley of the river Rems, not far from Stuttgart. For Nuss as a sculptor it is Man who is at the centre of his art: Man who works, and rests from his labors; Man who is happy, or sad; Man who makes music, or dances; Man, too, who ponders, and lets his soul float out over the real world to the world of ideas and dreams.

Nuss's figures can be found in many towns – indoors as well as out, individually or in groups, in the form both of statues and of reliefs. But it is with his medals and plaquettes that Nuss has found his own particular way of capturing the nature of Man in sculpture. And it is with them that in recent years he has achieved great distinction and well-deserved respect both at home and abroad.

It is lamentable that the medals he made before the Second World War were destroyed. However, the plaquettes dating from 1927–28 testify to the development he has undergone since then. Studying the medals reproduced in this volume, one can observe not only his attainment of a personal style but also the wealth of motifs and their concentration on certain basic forms.

These medals have been compared at times to the coins and medals of classical antiquity. But this is an oversimplification. Nuss does indeed use motifs from the classical world, but the way he treats them has little in common with ancient coins. In contrast to the classical treatment, Nuss's medals are marked on the one hand by a baroque-like agitation and on the other by an expansion of the motifs into surrealism, seen particulary in the manifold symbols which characterise so many of his works and invest them with a magic of their own.

Merely to describe these medals is not enough; one needs to live with them, and will then experience the aura they radiate from the artist's own world of experience. Besides the mythological subjects it is the themes from music and the dance and the erotic motifs that inspire this sculptor to his finest designs. Anyone looking at these medals is struck by the manifold forms taken by the human body. On some they are heavy, well-rounded bodies, while on others the slight and slender figures have been reduced to mere lines.

The significance that attaches to the varying and deliberately chosen borders of the medals must not be overlooked. Attention should also be paid, of course, to the way that Nature is brought into what is going on.

Those who want to appreciate the artist's independence in his treatment of classical or Christian subject-matter should immerse themselves in the medals depicting Apollo, Pan with his pipes, Leda and the Swan, Susanna and the Elders, St. Christopher, or the Creation of Eve from the rib of Adam. In all of them we recognise the characteristic style – which is of course the very nature and peculiarity – of Fritz Nuss. The majority ot these plaquettes and medals owe their existence to some such external stimulus as a commission or a competition (in which this artist has usually been highly successful). Examples of this are the medals symbolising the life and the importance of the family (commissioned by the West German Central Bank) and the medals commemorating Benvenuto Cellini, Johann Joachim Winckelmann, Caspar David Friedrich and Paula Modersohn-Becker. It is not only the way the personalities being honored are portrayed on the observe that reveals his personal style, but also the various motifs on the reverse. Nuss is concerned above all to weld observe and reverse into an inner unity, while at the same time showing us his response to the work of the person depicted.

Fritz Nuss is not a realist or a naturalist, nor does he attempt a one-sided rendering of humanity by means of abstraction. He tries to find the laws of form that accord with his own nature and to give them visible expression in his art. Himself familiar with the deep mysteries of life, Nuss communicates an awareness of them in a surrealist language of his own.

Le medaglie nell'opera completa di Fritz Nuss

di Professor Otto Heuschele

Il Prof. Fritz Nuss, nato nel 1907 a Goppingen nei pressi delle splendide montagne della Svevia, vive oggi a Strumpfelbach nel Remstal nei pressi di Stoccarda. Come scultore Nuss pone al centro della propria tematica l'uomo; l'uomo che lavora, che riposa; l'uomo felice o pensieroso, l'uomo che musica, che danza e lascia librare la propria anima al di fuori dalla realtà, nel mondo delle idee e dei sogni.
A fiaco dell'uomo rappresentato nella sua individualità, troviamo persone in gruppi. Questi personaggi creati da Fritz Nuss, li incontriamo nelle piazze delle città o in ambienti chiusi, come figure plastiche rotonde o rilievi. Nuss è riuscito ad avvicinarsi all'uomo sul piano figurativo per mezzo delle sue splendide plachette e non meno belle medaglie. Con queste sue opere l'artista è riuscito a raccogliere vasti consensi ed a occupare un posto di prestigio non solo in patria ma anche all'estero. Purtroppo le medaglie del periodo precedente la seconda guerra mondiale sono andate perse. Le plachette del 1927 e del 1928 infatti, stanno a téstimoniare la ricerca portata avanti dallo scultore in questo periodo. Chi contempla le medaglie illustrate in questo volume, è in grado di seguire l'evoluzione dei motivi che si personalizzano sempre più. In un primo tempo le medaglie dell'artista furono paragonate alle monete degli antichi. Ciò non è vero. Nuss si rifà si a motivi classici, ma tra questi e le medaglie dell'artista vi è una notevole differenza. Nuss infatti plasma la figura classica di base con una mobilità barocca, ma anche dilata il motivo surrealisticamente, specialmente nei simboli tipici delle sue opere. Questi simboli danno alle sue medaglie una magia del tutto particolare. Descrivere queste medaglie è poco, occorre infatti osservarle spesso, ed ecco che si viene investiti dall'atmosfera in esse contenuta, atmosfera vissuta dall'artista stesso. Cosi motivi mitici di danza, i temi musicali ed erotici sono impregnati da questa singolare atmosfera.
Il corpo umano nelle opere di Nuss, è rappresentato in mille modi diversi; ora pesante, ora talmente snello da poter essere stilizzato in trasparenti segni filiformi. La figura plastica si adatta con la propria forma a ciò che la circonda. Ecco spiegata questa versatilità figurativa. Chi volesse riconoscere tutto lo stile di Nuss nella rappresenta-

zione di motivi classici e religiosi, può farlo osservando le medaglie che rappresentano Apollo, Pan con il flauto, Leda con il cigno, Susanna bagnante, Christoforo o la creazione di Eva dalla costola di Adamo. In queste opere regna lo stile e la personalità artistica di Fritz Nuss. La maggior parte delle medaglie e delle plachette sono nate o per commissioni o per concorsi nei quali il nostro artista si è sempre distinto. Come esempio possiamo citare le medaglie che simboleggiano la vita o il significato della famiglia (su commissione della banca fed. tedesca). Significative sono anche le medaglie su Benvenuto Cellini, Johann Joachim Winckelmann, Caspar David Friedrich e Paola Modersohn-Becker. Lo stile non si rivela solo sul dritto raffigurante il personaggio, ma anche sul rovescio. Egli cerca di immergere i due versi in una stessa atmosfera. Nuss non è nè realista nè naturalista. Egli ricerca le leggi della plastica con le quali plasmare i suoi personaggi e sente i segreti della vita riuscendo poi a coniarli nelle forme surreali delle sue opere.

1

3

4

7

9

10

11

13

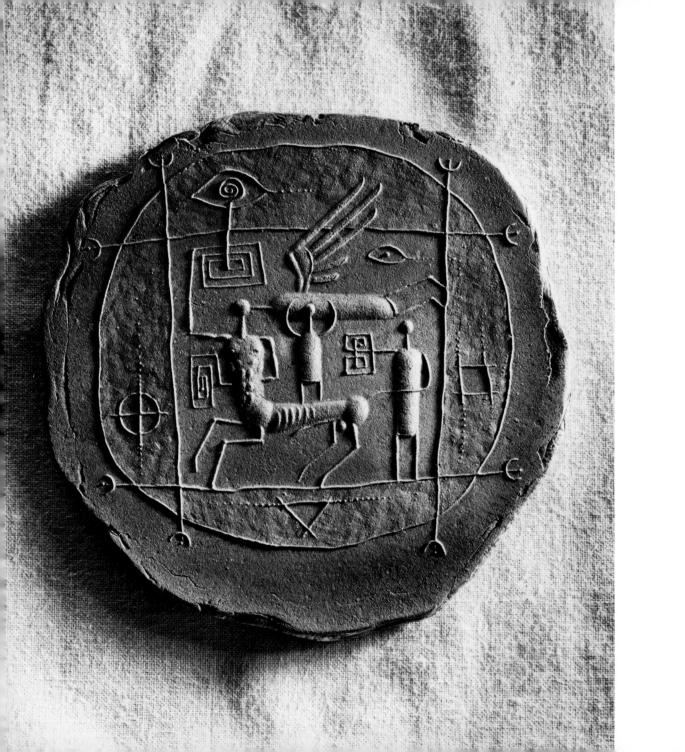

14

15

17

18

19

23

24

25

26

28

31

34

35

37

38

42

44

48

49

51

53

54

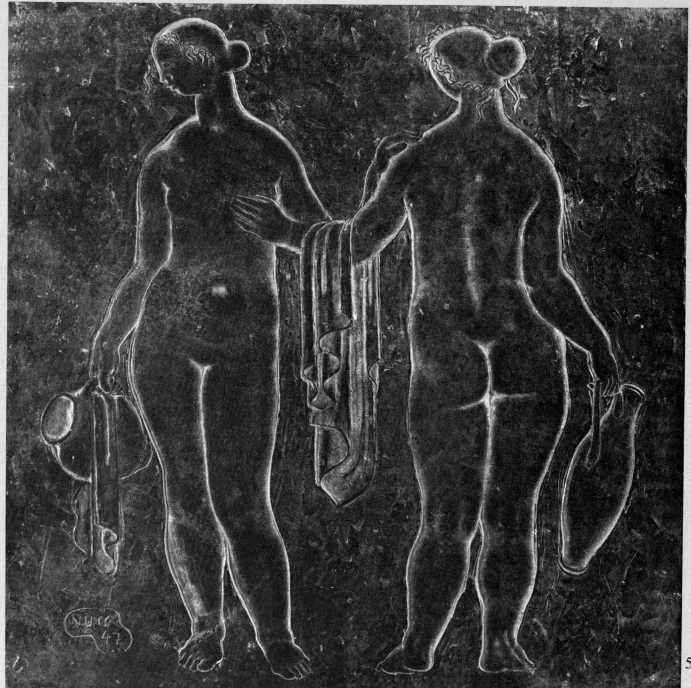

58

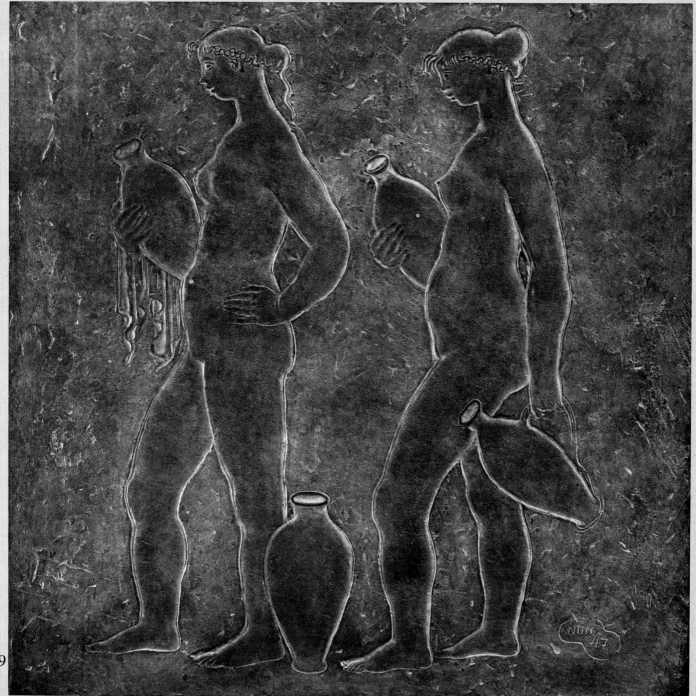

60

61

63

66

69

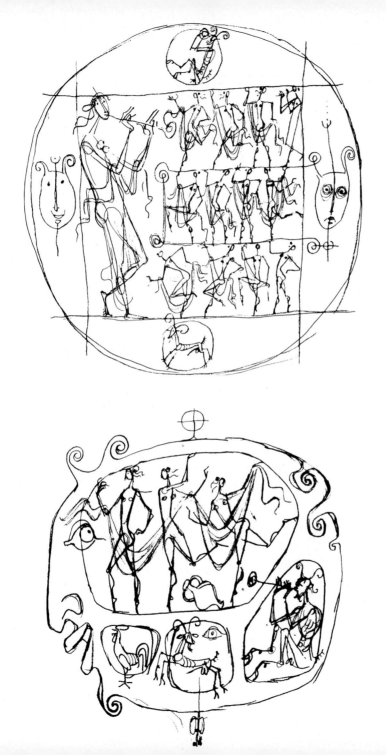

70

72

74

76

79

80

85

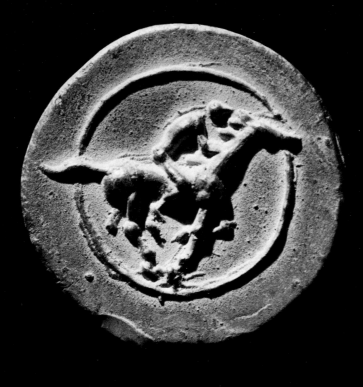

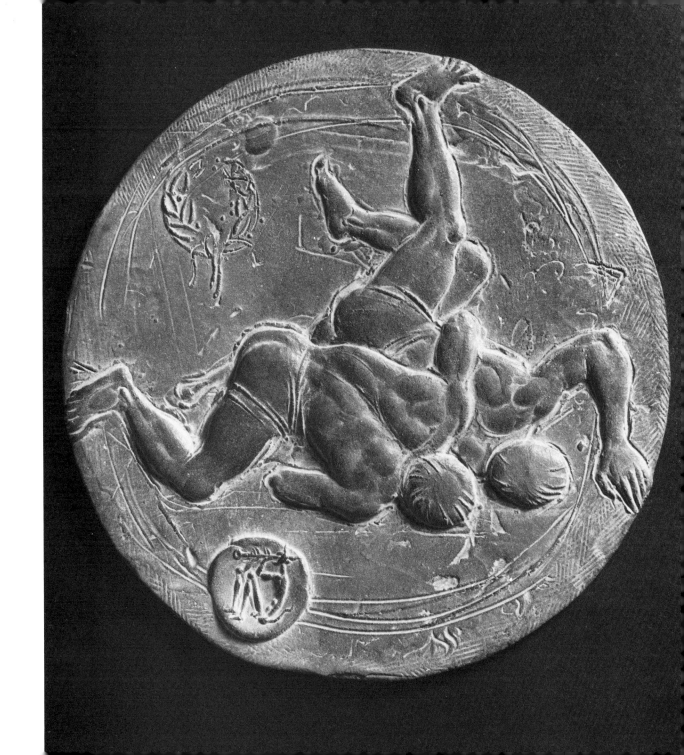

92 a

92 b

93

94

95 a

95 b

96 a

96 b

97 a

97b

98 a

98 b

99

TANZENDER
DERWISCH
NACH CORINTH

100

GOTTFRIED WILHELM LEIBNIZ * 1646 † 1716

111

OSKAR·MILLER·GEB·1855·GEST·1954

113

MAX PLANCK ⋆ GEB. 1858 ⋆ GEST. 1947

114

Register

Lust des Tanzes, 1969, ∅ 140 mm

66. Entwurf zu Nr. 67
67. Spiralentanz, 1970, 140 x 120 mm
68. Panischer Tanz, 1970, 140 x 140 mm
69. Faunischer Tanz, 1970, 145 x 120 mm
70. Entwurf zu Nr. 71
71. Tanzspiel, 1970, ∅ 150 mm
72. Tanzmedaille, 1970, ∅ 130 mm
73. Entwurf zu Nr. 72
74. Entwurf zu Nr. 75
75. Liebespaar, 1967, ∅ 110 mm
76. Susanna, 1970, ∅ 105 mm
77. Leda, 1970, ∅ 105 mm
78. Kunstfreunde I, 1974, 120 x 150 mm
79. Kunstfreunde II, 1974, 120 x 150 mm
80. Liebesspiel I, 1974, 105 x 130 mm
81. Liebesspiel II, 1974, 140 x 105 mm
82. Entwurf zu Nr. 80
83. Liebesspiel III, 1974, 120 x 130 mm
84. Galopprennen (Silberguß), 1963, Höhe 35 mm
85. Reiter I, 1970, ∅ 10 mm
86. Reiter II, 1970, ∅ 10 mm
87. Ehr- und Preismedaille des Deutschen Sportbundes, 1975, ∅ 90 mm
88. Ringkampf, 1974, 90 x 130 mm
89. Ringer I, 1974, 140 x 100 mm
90. Entwurf zu Nr. 91
91. Ringer II, 1974, ∅ 135 mm
92. a) Johann Joachim Winckelmann, Vorderseite, 1974, ∅ 115 mm
92. b) Johann Joachim Winckelmann, Rückseite, 1974, ∅ 115 mm
93. Entwurf zu Nr. 92 Rückseite
94. Entwurf zu Nr. 95 Rückseite
95. a) Paula Modersohn-Becker, Vorderseite, 1974, ∅ 120 mm
95. b) Paula Modersohn-Becker, Rückseite, 1974, ∅ 120 mm
96. a) Caspar David Friedrich, Vorderseite, 1973, ∅ 125 mm
96. b) Caspar David Friedrich, Rückseite, 1973, ∅ 125 mm
97. a) Benvenuto Cellini, Vorderseite, 1972, ∅ 125 mm
97. b) Benvenuto Cellini, Rückseite, 1972, ∅ 125 mm

98. a) Lovis Corinth, Vorderseite I, 1976, ∅ 110 mm

98. b) Lovis Corinth, Rückseite, 1976, ∅ 110 mm

99. Lovis Corinth, Vorderseite II, 1976, ∅ 110 mm

100. Zeichnung tanzender Derwisch. Nach Corinth

101. Ehrung I, 1974, ∅ 130 mm

102. Ehrung II, 1974, ∅ 130 mm

103. Entwurf zu Nr. 102

104. Familie I (Ehrenmedaille der BRD, Modell), 1974, ∅ 130 mm

105. Familie II, 1974, ∅ 130 mm

106. Familie III, 1974, ∅ 130 mm

107. Der Kunstsammler Max Lütze (Silber), 1976, ∅ 65 mm

108. Heraldisches Roß, Silber, 1971, ∅ 100 mm

Münzentwürfe:

109. Albrecht Dürer, 1970, ∅ 150 mm

110. Friedrich Schiller, 1954, ∅ 115 mm

111. Gottfried Wilhelm Leibniz, 1957, ∅ 150 mm

112. Robert Koch, 1955, ∅ 120 mm

113. Oskar von Miller, 1955, ∅ 120 mm

114. Max Planck, 1955, ∅ 120 mm